BEI GRIN MACHT SICH IHR
WISSEN BEZAHLT

- Wir veröffentlichen Ihre Hausarbeit,
  Bachelor- und Masterarbeit

- Ihr eigenes eBook und Buch -
  weltweit in allen wichtigen Shops

- Verdienen Sie an jedem Verkauf

Jetzt bei www.GRIN.com hochladen
und kostenlos publizieren

Stefan Marr

Feature-Diagramme und Variabilität

GRIN Verlag

Bibliografische Information der Deutschen Nationalbibliothek:

Die Deutsche Bibliothek verzeichnet diese Publikation in der Deutschen National-
bibliografie; detaillierte bibliografische Daten sind im Internet über http://dnb.d-
nb.de/ abrufbar.

Impressum:

Copyright © 2006 GRIN Verlag GmbH
Druck und Bindung: Books on Demand GmbH, Norderstedt Germany
ISBN: 978-3-640-11446-7

Dieses Buch bei GRIN:

http://www.grin.com/de/e-book/110351/feature-diagramme-und-variabilitaet

GRIN - Your knowledge has value

Der GRIN Verlag publiziert seit 1998 wissenschaftliche Arbeiten von Studenten, Hochschullehrern und anderen Akademikern als eBook und gedrucktes Buch. Die Verlagswebsite www.grin.com ist die ideale Plattform zur Veröffentlichung von Hausarbeiten, Abschlussarbeiten, wissenschaftlichen Aufsätzen, Dissertationen und Fachbüchern.

Besuchen Sie uns im Internet:

http://www.grin.com/

http://www.facebook.com/grincom

http://www.twitter.com/grin_com

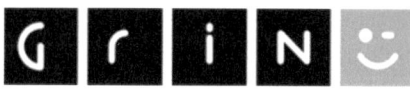

Feature-Diagramme und Variabilität

von

Stefan Marr

Feature-Diagramme und Variabilität

Stefan Marr

Hasso-Plattner-Institut, Potsdam
stefan.marr@hpi.uni-potsdam.de

Kurzfassung. Feature-Diagramme und ihre Mittel zur Darstellung von Variabilität in Produktfamilien werden vorgestellt. Einleitend wird das Paradigma des Generative Programming betrachtet, in welchem die Methodik des Domain Engineerings verwendet wird. Diese Methodik wird kurz dargelegt, um über die Feature-oriented Domain Analyse zur Feature-Modellierung zu kommen, in welcher Feature-Diagramme zur Darstellung eingesetzt werden. Über die Notation hinaus wird der Prozess der Feature-Modellierung und die Möglichkeit zur Implementierung von Features mit UML skizziert. Abschließend werden verfügbare Werkzeuge und die Verwendung von Feature-Modellierung in der Industrie untersucht, um mit einem Fazit für die Einsatzmöglichkeiten zu schließen.

1 Einleitung

Im Rahmen des Requirements Engineerings, z.B. bei der Aufnahme und Verwaltung der Anforderungen eines zu entwickelnden Systems kann es vorkommen, dass man an einen Punkt gelangt, an dem es offensichtlich wird, dass das geplante System in der Art, eventuell mit kleineren Abwandlungen einem System entspricht, dass auch in einem anderen Projekt entwickelt werden soll. Hier stellt sich nun die Frage, wie solche Zusammenhänge dargestellt und dokumentiert und welche Methodiken verwendet werden können, um die Entwicklung effizienter zu gestalten und Synergieeffekte zu nutzen.

Mit den Feature-Diagrammen soll hier eine Möglichkeit vorgestellt werden, wie man Gemeinsamkeiten und Unterschiede von Systemen darstellen kann. Dabei ist der Begriff der Produktlinie bzw. Produktfamilie von zentraler Bedeutung. In einigen Projekten ist von vornherein klar, dass nicht ein spezielles System entwickelt werden soll, sondern potenziell eine Menge von Systemen bzw. eine Produktlinie, aus der man durch Anpassung an die Bedürfnisse eines speziellen Kunden ein spezifisches System bzw. Produkt erhält. Mit Hilfe von Feature-Diagrammen ist es an dieser Stelle möglich, die variablen Anteile einer Produktlinie kenntlich zu machen, um darauf aufbauend eine kundenspezifische Konfiguration zu erstellen, welche die gewünschten variablen und obligatorischen Teile enthält. Diese Konfiguration kann dann im Anschluss als Grundlage für die Implementierung dienen.

Im Folgenden soll zuerst das Paradigma der generativen Programmierung vorgestellt werden, welches Feature-Diagramme als Grundlage für eine auf Generatoren gestützte Entwicklung einsetzt. In diesem Rahmen sollen auch die Ideen des *Domain*

Engineerings und der *Feature-oriented Domain Analysis* vorgestellt werden. Darauf aufbauend wird die eigentliche Feature-Modellierung mit Hilfe von Feature-Diagrammen eingeführt, für welche eine Notation in Baumform verwendet wird. Diese wird im Abschnitt 3 näher erläutert. Außerdem wird der Prozess der Feature-Modellierung beschrieben und ein Ausblick auf Möglichkeiten zur Abbildung auf eine Implementierung gegeben.

Im 4. Abschnitt werden die zur Modellierung verfügbaren Tools und ihre Möglichkeiten kurz vorgestellt und anhand von Beispielen aus der Industrie die Verwendungsmöglichkeiten von Feature-Diagrammen und den dazugehörigen Methodiken skizziert.

2 Generative Programming

2.1 Entwicklung wiederverwendbarer Software

Eine der großen Herausforderungen bei der Softwareentwicklung ist die Wiederverwendung von Software und Softwarefragmenten. Die Objektorientierung hat in dieser Hinsicht einen bedeutenden Fortschritt gebracht. Doch trotz allem ist die Wiederverwendung von einzelnen Artefakten oft schwierig und an spezielle Bedingungen geknüpft, die einem wirtschaftlichen Einsatz entgegensprechen und eine Neuentwicklung effizienter erscheinen lassen. In [1] wird als eine Ursache dafür die Optimierung von objektorientierten Analyse- und Designmethoden auf die Entwicklung einzelner Systeme genannt. Gründe sind hier vor allem die fehlende Systematik bei der Entwicklung von Bibliotheken und Frameworks. Da sie zumeist ad hoc entwickelt werden, fehlt ihnen oft die nötige Flexibilität oder die Komplexität ist im Einsatz unpraktikabel hoch und wirkt sich negativ auf die Performance des Gesamtsystems aus.

Ein weiteres Problem bei der Wiederverwendung ist der Verlust von Designinformationen beim Übergang von einem abstrakten Modell zu einer konkreten Implementierung. Dieser Verlust kann aber auch bereits beim Übergang von einem Systemmodell zum Verstehen der abstrakten Zusammenhänge z.B. in FMC-Notation zu einem konkreteren Modell z.B. zur Darstellung einer Klassenstruktur mit UML auftreten. Das allgemeine Problem ist, dass Entwurfsentscheidungen beim Übergang zwischen Ebenen mit verschiedenen Abstraktionsgraden gar nicht oder nur schlecht dokumentiert werden. Abhilfe schafft auf diesem Gebiet z.B. die *Model Driven Architecture*, indem die Entwurfsentscheidungen in Form von Transformationen dokumentiert werden. In dieser Ausarbeitung soll jedoch das Paradigma des *Generative Programming* näher betrachtet werden.

Das zu deutsch generative Programmierung genannte Entwicklungsmodell setzt ebenfalls an diesem Punkt an. Dabei geht es nach [1] darum Softwaremodule zu entwerfen und zu implementieren, die kombiniert werden können um spezialisierte und hochoptimierte Systeme zu generieren, die bestimmten Anforderungen genügen. Ziel ist es dabei auch, die konzeptionelle Lücke zwischen Programmcode und den Konzepten der Domäne zu verringern. Außerdem soll die Wiederverwendbarkeit und Anpassbarkeit von Softwaremodulen erhöht werden, wobei auch der Umgang mit

Variationen von Softwarekomponenten vereinfacht werden soll. Eine Effizienzverbesserung ist ebenfalls als Ziel angegeben, wobei sowohl der Platzbedarf alsauch die Ausführungszeit optimiert werden sollen. In Kurzform wäre eine mögliche Definition nach [3] die Folgende:

> *Generative programming is a software engineering paradigm based on modelling software families such that, given a particular requirements specification, a highly customized and optimized intermediate or end-product can be automatically manufactured on demand from elementary, reusable implementation components by means of configuration knowledge.*

Damit wird auch klar, dass als Ergebnis des Analyse- und Designprozesses eine Familie von Systemen entsteht, aus der durch eine spezielle Menge von Anforderungen über die Schritte der Konfiguration und Generierung ein spezielles System erzeugt wird. Als Grundlage dafür dienen Komponenten, die durch Konfiguration variiert und ausgewählt werden können. In der Praxis hat sich die komponentenbasierte Entwicklung für direkte Wiederverwendung von Softwaremodulen bereits seit Langem als sinnvoll erwiesen, aber auch die Wiederverwendung von abstraktem Wissen in Form von Architektur und Design Patterns spielt eine große Rolle.

Das *Generative Programming*, in der hier vorgestellten Form, wurde von Krzysztof Czarnecki im Jahr 1998 in seiner Dissertation [1] zum ersten Mal umfassend dargestellt und im Zusammenhang mit Domain Engineering als systematischer Ansatz zur Entwicklung von Softwarefamilien vorgeschlagen. Daher sollen im folgenden Teil ein Überblick über die Konzepte und Herangehensweisen des Domain Engineerings gegeben werden.

2.2 Domain Engineering

Nicht nur Produktfamilien teilen viele Eigenschaften und Charakteristika, sondern ganz allgemein natürlich auch Systeme, die in einer gemeinsamen Problemdomäne arbeiten, da sie meist einen großen Teil an Anforderungen gemeinsam haben. Um aus dieser Tatsache nutzen ziehen zu können, wurde mit dem Domain Engineering ein Vorgehen entwickelt, was dazu dienen soll, wiederverwendbare Artefakte aus einer Domäne zu sammeln, zu organisieren und für die Entwicklung zukünftiger Systeme nutzbar zu machen. Dies ermöglicht es einem Unternehmen Wissen aus einer Domäne, welches in früheren Projekten gewonnen wurde in Projekte einfließen zu lassen, die in der selben Domäne liegen. Dies wiederum eröffnet die Möglichkeiten neue Produkte in kürzerer Zeit und damit mit geringeren Kosten zu entwickeln.

Das Domain Engineering als systematischer Ansatz zum Erreichen dieses Ziels, besteht aus drei Hauptphasen. In der ersten Phase der *Domain Analysis* wird eine Menge von wiederverwendbaren Anforderungen für Systeme in dieser Domäne aufgestellt. Beim *Domain Design* ist es das Ziel eine Architektur bzw. Architekturen zu entwickeln, die für Systeme in dieser Domäne genutzt werden können. In der letzten Phase, der *Domain Implementation* sollen u.a. wiederverwendbare Komponenten, domänenspezifische Sprachen (DSL – domain-specific languages),Generatoren, also eine Infrastruktur zur Wiederverwendung geschaffen werden.

In Abb. 1 ist der Zusammenhang zwischen dem herkömmlichen Entwicklungsprozess für einzelne Softwaresysteme und dem Domain Engineering veranschaulicht. Kurz gesagt, liefert das Domain Engineering wichtige Elemente für den Entwicklungsprozess aus einer Domäne, die beliebig in Projekten der selben Domäne wiederverwendet werden können.

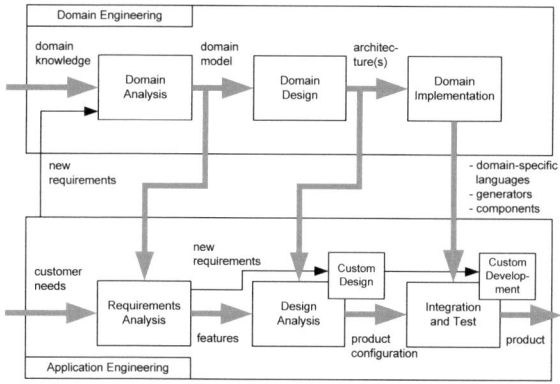

Abb. 1. Ein Softwareentwicklungsprozess unter Einbindung von Domain Engineering (aus [1])

An dieser Stelle soll die Phase der Domain Analysis noch von weiterem Interesse sein, da im folgenden Abschnitt auf die spezielle Methodik der *Feature-oriented Domain Analysis* eingegangen wird. Allgemein ist die Domänenanalyse ein systematischer Ansatz zum Abgrenzen der Problemdomäne, dem Erfassen von wesentlichen Merkmalen, sogenannten *Features*, und den Variationspunkten wiederverwendbarer Software. Sie basiert dabei auf der Analyse von bestehenden Anwendungen, den beteiligten Stakeholdern und anderen Quellen. Die Analyse erlaubt dabei nicht nur das Erkennen von unmittelbar, sondern auch potenziell relevanten Features. Das frühe Erkennen potenzieller Features macht es so möglich ein robustes und skalierbares Design zu entwickeln, welches als Grundlage für eine Produktfamilie dienen kann.

Nach [1] ist der wichtigste Beitrag des Domain Engineerings aus Sicht der objektorientierten Analyse- und Designmethoden die Technik der Feature-Modellierung, wobei diese zur Analyse und Erfassung von gemeinsamen und unterschiedlichen Merkmalen und ihrer Zusammenhänge in Systemen aus Produktfamilie genutzt wird.

2.3 Feature-Oriented Domain Analysis

Im Jahre 1990 entstand unter Leitung von Kyo-Chul Kang am *Software Engineering Institute* der *Carnegie Mellon University* die Feature-oriented Domain Analysis

(FODA) als eine Methode zur Domänenanalyse, welche die Technik der Feature-Modellierung als zentralen Bestandteil beinhaltet.

Das Vorgehen gliedert sich bei dieser Methodik in zwei Phasen, in die der Kontext-Analyse und die der Domänenmodellierung. Bei der Kontext-Analyse ist das Hauptziel die Eingrenzung der zu analysierenden Domäne. Dazu werden die Beziehungen zwischen der Problemdomäne und anderen Domänen bzw. den Domänenelementen nach dem Gesichtspunkt der Variabilität analysiert. Das Ergebnis dieser Analyse wir zusammen mit anderen Faktoren, wie z.b. der bereits gemachten Erfahrungen in dieser Problemdomäne und den Bedingungen des Projekts, zur Eingrenzung der Problemdomäne genutzt. Nach [1] können die Resultate dieser Kontextanalyse in Form eines Kontextmodells dokumentiert werden. Solch ein Kontextmodell kann sich dabei aus einem Strukturdiagramm zur Veranschaulichung des Aufbaus und einem Kontextdiagramm zur Darstellung von Informationsflüssen zusammensetzen.

Die Phase der Domänenmodellierung lässt sich selbst auch noch einmal in drei Schritte unterteilen. Im ersten Schritt, der *Information Analysis* wird das Domänenwissen anhand von Entitäten erfasst und untereinander in Beziehung gebracht. Zu diesem Zweck lassen sich z.b. Modellierungstechniken wie E/R-Diagramme oder objektorientierte Klassendiagramme einsetzen. Der zweite Schritt, die *Feature Analysis*, ermittelt die Fähigkeiten einer Anwendung aus Anwendersicht. Es werden die Gemeinsamkeiten und Unterschiede verwandter Systeme einer Domäne in Form von *Features* erfasst. Der abschließende Schritt der *Operational Analysis*, soll die Beziehungen zwischen den erfassten Entitäten und Features herstellen, um die Arbeitsweise der Anwendung in der Domäne angeben zu können.

An dieser Stelle soll der Schwerpunkt auf die Feature-Modellierung gelegt werden, für die letztendlich die Notation in Form von Feature-Diagrammen relevant wird. Der wichtigste Begriff den es zunächst zu klären gibt, ist dabei der Begriff des Features. In [1] wird ein Feature als eine unterscheidbare Charakteristik eines Konzepts definiert, die relevant für einen Stakeholder des Konzepts ist. Ein Konzept ist dabei als eine Abstraktion von Basiselementen der Problemdomäne, z.B. ein System oder eine Komponente ,zu verstehen und wird durch seine Merkmale bzw. Features beschrieben. Mit diesen beiden Mitteln lässt sich nun die Struktur einer Domäne beschreiben. Es werden die gemeinsamen und variablen Features eines Konzepts dargestellt und zueinander in Beziehung gebracht.

Ein Feature-Modell besteht aber nicht nur aus einem Feature-Diagramm, sondern auch aus den projektrelevanten Zusatzinformationen. So ist eine Kurzbeschreibung der Features für das spätere Verständnis notwendig, aber es sollten u.a. auch Randbedingungen und Prioritäten dokumentiert werden, um z.B. das Interesse der Stakeholder bzw. Kunden an bestimmten Features auszudrücken.

Der Vorteil dieser Herangehensweise ist, dass alle relevanten Features und Variationspunkte von vornherein erfasst und somit in eine Produktfamilie aufgenommen werden können. Ein konkretes Produkt bzw. System aus dieser Familie wird jedoch nur die relevanten Features beinhalten. Damit wird der Aufwand und die Komplexität bei der Entwicklung und Anpassung reduziert, was die anvisierten Verbesserungen in Bezug auf die Effizienz mit sich bringt. Die FODA ist damit eine Schlüsseltechnik zum Identifizieren und Aufnehmen von Variabilität in Produktfamilien bzw. Produktlinien und infolgedessen eine wichtige Grundlage für die Wiederverwendung von

domänenspezifischen Softwareartefakten, die potenziell besser für eine Wiederverwendung geeignet sind, als für einzelne, spezielle Systeme entworfene
Softwareartefakte.

Es bleibt jedoch anzumerken, dass die FODA in der Form bereits als veraltet betrachtet wird. Dies geht unteranderem aus [6] hervor, aber auch auf den öffentlichen
Seiten des SEI [8] wird die FODA nur noch als *Legacy* geführt. Sie findet jedoch
weiterhin als Methodik zur Domänenanalyse Verwendung, wenn auch aktuell [9] nur
noch eingebettet in ein Framework für *Software Product Line Practice*. Sie ist damit
eine von sechs verschiedenen Methoden zur Domänenanalyse in diesem Framework.

Nichtsdestotrotz liefert diese Methode Feature-Modelle, welche eine sinnvolle Er-
weiterung zu den gewöhnlichen Modelle einer objektorientierten Herangehensweise
darstellen.

3   Feature-Diagramme

Feature-Diagramme als wichtiges Ergebnis der Feature-Modellierung des FODA-
Prozesses beschreiben die Konzepte einer Domäne näher. Sie sind eine grafische,
baumartige Darstellung der Zusammenhänge in einer Domäne. Sie bestehen aus Konzepten, die wiederum durch obligatorische, optionale und alternative Merkmale bzw.
Features beschrieben werden können. Ein Feature-Diagramm spiegelt letztendlich die
Menge der möglichen Konzeptinstanzen mit den gemeinsamen und variablen Features
wieder.

3.1   Die Notation

Ein Feature-Diagramm ist eine baumartig strukturierte Menge von Knoten, die gra-
fisch dargestellt wird. Der Wurzelknoten eines Diagramms wird als Konzept
bezeichnet. Aufgabe eines einzelnen Diagramms ist es dieses Konzept, also ein rele-
vantes Element oder eine relevante Struktur der Domäne, mit Hilfe von Features
näher zu spezifizieren. Die Beziehungen zwischen Features untereinander und zum
Konzept werden mit Hilfe von Kanten dargestellt. Diese Kanten können dabei unter-
schiedliche Bedeutungen haben, die über sogenannte Dekorationen angegeben
werden.

Die Knoten eines Feature-Diagramms sollten sinnvolle Namen tragen, um später
das Verständnis des Diagramms zu erleichtern. Der Aufbau des Diagramms lässt im
Nachhinein eine Charakterisierung von einzelnen Features zu. So wird ein Feature,
dass im Baum einem anderen Feature untergeordnet ist, als Subfeature bezeichnet.
Des Weiteren kann zwischen direkten und indirekten Features und Subfeatures unterschieden werden, indem überprüft wird, ob ein Feature bzw. Subfeature eine Kind
oder eine (Ur-)Enkelbeziehung zu einem Knoten besitzt. In Abb. 2 ist so z.B. Fenster
ein indirektes Feature von Auto, aber auch ein direktes Subfeature von Karosserie.

Um die Gemeinsamkeiten und die Variabilität in einem Feature-Diagramm auszudrücken, gibt es obligatorische, alternative und optionale Features. Darüber hinaus ist
es auch möglich Features in einer logischen Oder-Beziehung zu verknüpfen. In der
bereits angesprochenen Abb. 2 sind alle Features als obligatorisch gekennzeichnet

und damit in jeder Instanz bzw. Konfiguration dieses Diagramms vorhanden. Ein obligatorisches Feature ist immer dann Teil einer Konfiguration, wenn sein Elternknoten Teil der Konfiguration ist. Ausgedrückt wird diese Bedeutung durch einen ausgefüllten Kreis an dem zum Feature führenden Ende der Kante. Um die Notation an dieser Stelle zu vereinfachen ist es möglich bei obligatorischen Features diesen ausgefüllten Kreis wegzulassen.

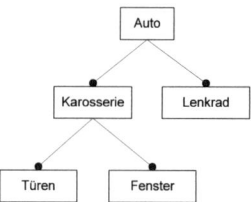

Abb. 2. Obligatorische Feature in einem Feature Diagramm

In Abb. 3 werden optionale Features dargestellt. Hier besteht die Möglichkeit beim Erstellen einer Konfiguration die gewünschten Features auszuwählen und somit ins resultierende System zu übernehmen. Ein optionales Feature kann einer Konfiguration nur dann hinzugefügt werden, wenn sein Elternknoten Teil der Konfiguration ist.

Gekennzeichnet werden optionale Features durch einen nicht ausgefüllten Kreis am zum Feature führenden Kantenende. In diesem Fall ist es nicht möglich die Notation zu vereinfachen, da sonst die Aussage des Diagramms nicht eindeutig wäre. Im gegebenen Beispiel kann ein Auto also mit einem Anhänger versehen werden. Es kann außerdem mit einem CD-Player ausgestattet sein, wenn bereits ein Radio ausgewählt wurde.

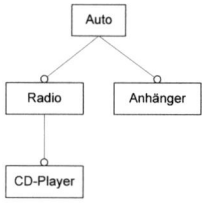

Abb. 3. Optionale Features in einem Feature Diagramm

Um eine Menge von alternativen Features angeben zu können, werden die Kanten die zu Features führen, die alternativ sein sollen, durch einen nicht ausgefüllten Kreisbogen verbunden. Dargestellt ist dies in Abb. 4. Zwischen dem Feature Linkslenker und dem Feature Rechtslenker besteht eine logische Entweder-Oder-Beziehung. Es sind also ausschließliche Alternativen. Bei der Verwendung von Alternativen ist darauf zu achten, wie sich optionale Features auf die Semantik eines solchen Teilbaums auswirken können. Mehr dazu weiter unten in diesem Abschnitt, wenn es um die Normalisierung von Feature-Diagrammen geht.

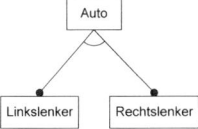

Abb. 4. Alternative Features in einem Feature Diagramm

Um mindestens ein oder aber mehrere Features aus einer Menge auswählen zu können, bietet sich die in Abb. 5 dargestellte Kantendekoration an. Mit dem ausgefüllten Kreisbogen lässt sich eine logische Oder-Beziehung von Features zueinander beschreiben. Im Beispiel ist es also möglich ein Auto mit einer Automatikschaltung auszustatten und/oder eine Handschaltung einzubauen, womit letztendlich drei mögliche Konfigurationen für dieses Feature-Diagramm gültig sind.

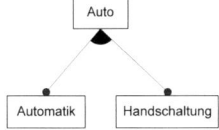

Abb. 5. Features in einer logischen Oder-Beziehung

In verschiedenen Quellen (u.a. [1,6,12]) werden zu den hier vorgestellten Notationsmitteln noch Erweiterungen vorgeschlagen um Zusammenhänge besser darstellen zu können. In Abb. 6 ist ein entsprechend erweitertes Diagramm mit verschiedenen zusätzlichen Angaben versehen worden. Dazu zählt eine Angabe von zusätzlichen Informationen wie z.B. Regeln zur Konfigurationserstellung direkt im Diagramm und die Angabe von Kardinalitäten für Mengen von alternativen Features. Im Diagramm ist die Kardinalitätsangabe z.B. durch spitze Klammern gekennzeichnet und sagt aus, dass die Menge der auswählbaren Subfeatures zu f_1 ein bis zwei Elemente enthalten kann. Anhand von f_3 und f_{2b} ist die strikte Auslegung als Baum aufgehoben worden, womit die Möglichkeit geschaffen wird, dass ein Feature mehrere Elternknoten haben kann. Damit können die Ausdrucksmöglichkeiten und die Übersichtlichkeit von Diagrammen verbessert werden. An der Beziehung zwischen f_{1c} und f_{2a} ist in diesem Beispiel keine weitere Semantik angegeben. Es ist in einigen Erweiterungen der Syntax möglich mit so einer Kante Querbeziehungen zwischen Features anzugeben, so wie dies in Abb. 6 textuell durch Angabe der Kompositionsregeln geschehen ist.

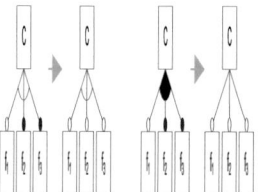

Abb. 6. Erweiterte Notationsmöglichkeiten in einem Feature-Diagramm

Bei den hier vorgestellten Notationsmitteln kann eine unbedachte Verwendung semantische Änderungen im Diagramm bewirken, die so nicht gewünscht sind. Wie bereits bei der Einführung der optionalen Features erwähnt, gibt es daher die Möglichkeit ein Feature-Diagramm zu normalisieren. Kritisch im Sinne der Semantik sind immer die Verwendung von optionalen Features zusammen mit einer Kantensemantik, also der Beschreibung von alternativen und logischen Oder-Beziehungen zwischen Features.

Im Fall einer Alternative von Features mit einem oder mehreren optionalen Features und einem oder mehreren obligatorischen Features, verlieren die obligatorischen Features ihre Bedeutung als obligatorisch, da theoretisch das optionale Feature als Alternative gewählt werden könnte, dann aber nicht mit in die Konfiguration übernommen werden muss.

Analog dazu verhält es sich mit der Semantik bei logischen Oder-Beziehungen. Hier können die obligatorischen Features ebenfalls in optionale umgewandelt und die Oder-Beziehung aufgehoben werden, wodurch eine komplett unabhängige Wahl der einzelnen Feature möglich wird. Veranschaulicht werden diese Normalisierungen in Abb. 7. Allgemein gilt, dass jedes Feature-Diagramm in ein normalisiertes Feature-Diagramm ohne Alternativen und Oder-Beziehungen mit Kombinationen von obligatorischen und optionalen Features überführt werden kann.

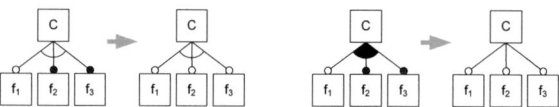

Abb. 7. Normalisierung von Feature-Diagrammen

3.2   Prozess der Feature-Modellierung

Eine der wichtigsten Fragen, die sich zu Anfang der Feature-Modellierung stellt, ist die nach einem geeigneten Vorgehen zur Identifizierung der gewünschten Features. Mit dieser Frage beschäftigt sich daher dieser Abschnitt in dem einerseits die allgemeinen Aspekte und andererseits ein iterativer Prozess zum Vorgehen bei der Feature-Modellierung dargestellt werden sollen.

Ganz allgemein ist eine Technik zum Finden von Features die Analyse von Kombinationen variabler Features. Sie hilft neue Features zu entdecken und sinnvolle Featurekombinationen zu finden. Durch das Ordnen von vorhandenem Wissen und den darin enthaltenen semantischen Zusammenhängen wird es oft einfacher neue Dinge zu entdecken, die sich aus diesen Zusammenhängen und Kombinationen ergeben.

Als systematische Ansätze für ein Vorgehen sind sowohl Bottom-Up, als auch Top-Down möglich. Ein Ziel ist es, wichtige Technologien der Domäne zu identifizieren, die Variabilität implizieren können. Dazu kommen aber auch funktionale Features, die ein System benötigen könnte und Implementierungsfeatures wie z.b. verschiedene Varianten von Algorithmen und alternative Implementierungstechniken. Dies ermöglicht es später bei der Konfiguration eines speziellen Systems die Auswahl einer bestimmten Optimierungsrichtung vorzugeben und so bei der allgemeinen Optimierung die auftretenden Zielkonflikte für ein spezielles System je nach Anforderungen optimal abwägen zu können.

Weiterhin ist es sinnvoll die verschiedenen Domänenkonzepten genauer zu untersuchen um hier Variabilitäten aufzudecken. So können z.b. subjektive Ansichten einzelner Stakeholder, verschiedene technische Umgebungen und auch Variationen im Kontext oder von Teilaspekten Auswirkungen auf die Menge der Systeme in einer Produktfamilie haben. Je nach Komplexität und Erfahrung in einer Domäne können hier eine ganz Menge von Features relevant sein und werden. Ziel der Feature-Modellierung ist es nun soviele Features wie möglich zu identifizien, um den Raum der Produktfamilie bestmöglich zu charakterisieren. Es können sicher nicht alle Features implementiert und auch nicht alle Features mit einer Analyse gefunden werden, da z.b. der Projektrahmen dies nicht zulässt. Beim Problem der Implementierung hilft jedoch die Priorisierung von Features je nach Bedarf der Stakeholder, um einen wirtschaftlichen Rahmen zu bestimmen. Vorteil einer umfassenden Feature-Modellierung ist die daraus resultierende vollständige Wissensbasis um z.b. Architekturentscheidungen optimal treffen zu können und so ein robustes System mit passenden Schnittstellen zu schaffen, dass den Anforderungen an die Variabilität gewachsen ist, die besonders bei der Spezifikation von Produktfamilien nicht zu unterschätzen sind.

Feature-Modellierung wird sich letztendlich durch den ganzen Entwicklungsprozess ziehen, da an jeder Stelle neue Features entdeckt werden können. Dies reicht von der Untersuchen von Use-Cases, über Analyse und Design bis zur Implementierung. Dabei kann es sich z.b. um High-Level Features, Architekturfeatures, Komponentenfeatures und auch Implementierungsfeatures handeln. Die dazugehörigen Feature-Modelle müssen entsprechend auf dem Laufenden gehalten werden, da jederzeit neue Features in den Fokus rücken können. Beim Erfassen der Features sollte man außerdem stets im Hinterkopf behalten, dass es sich bei der Feature-Modellierung um einen kreativen Prozess handelt, bei dem es nicht nur um die Aufnahme von Features aus bestehenden Systemen oder um eine oberflächliche Erfassung von Domänenwissen drehen soll.

An dieser Stelle soll nun noch kurz der in [1] als „micro-cycle" zur Feature-Modellierung beschriebene Prozess wiedergeben werden. Dabei handelt es sich um einen kontinuierlichen, iterativen Prozess zum Finden und Dokumentieren von Features. Er beginnt im ersten und zweiten Schritt z.B. mit einem Brainstorming und setzt dann mit dem Organisieren und Strukturieren der Features fort.

1. Aufnahme von gemeinsamen Features, z.b. alle Autos benötigen eine Antriebsvorrichtung
2. Aufnahme von variablen Features, also Unterschieden, z.b. verschieden Motortypen
3. Die Organisierung der Features in Feature-Diagrammen um Hierarchien darzustellen und Features als z.b. obligatorisch, optional oder alternativ zu kategorisieren
4. Die Analyse von Kombinationen und Interaktionen zwischen Features. So kann es Features geben, die sich gegenseitig ausschließen, z.b. Rechtslenker oder Linkslenker, oder Features untereinander Abhängigkeiten aufweisen, z.B. ein CD-Player setzt ein Radio voraus. Darüber hinaus lassen sich innovative Kombinationen finden, die vorher nicht bedacht wurden oder es ergeben sich neue Features aus den Beziehungen zwischen Features, z.b. wenn sich Beziehungen verallgemeinern lassen oder Optimierungen für Features gefunden werden können.
5. Aufnahme der zusätzlichen Informationen wie z.b. Beschreibung der Features, Vor-/Nachteile, Prioritäten, Beispiele für Einsatzmöglichkeiten, Einschränkungen usw.

Die fünf Schritte des Prozesses können dabei jederzeit im Entwicklungsprozess eingesetzt werden, um zusätzliche Feature-Diagramme zu erstellen oder bestehende Diagramme auf den neusten Stand zu bringen.

3.3 Implementierung eines Feature-Diagramms

Bei der Modellierung der Features einer Produktfamilie fällt auf, dass es starke Unterschiede in der Abstraktheit von Features geben kann. So sind einige z.B. mit nicht funktionalen Anforderungen verbunden und andere sich besonders stark auf das Design der Architektur des Systems auswirken. Darüber hinaus gibt es aber auch solche Features, die eine direkte Auswirkung auf die Implementierung haben können, indem sie z.B. Entitäten einer Domäne mit ihren verschiedenen Eigenschaften und Möglichkeiten repräsentieren.

An dieser Stelle stellt sich nun die folgende Frage: Wenn es Features gibt, die eine konkrete und naheliegende Auswirkung auf eine mögliche Implementierung haben, wie können diese genutzt werden um auf eine Implementierung abgebildet zu werden. Ein Beispiel für so eine Abbildung ist in Abb. 8 dargestellt. In diesem Diagramm wird ein Auto durch verschiedene mögliche Features beschrieben. So kann es optional einen Anhänger haben, entweder eine automatische oder manuelle Schaltung verwenden und als Elektro-, Benzin- oder Hybridausführung hergestellt werden.

Die Abbildung der Beziehungen auf UML ist dabei in verschiedener Weise realisierbar und ermöglicht so je nach Anforderungen eine geeignete Repräsentation der verschiedenen Konzepte. Für die Realisierung der alternativen Schaltungen wurde im Beispiel eine Parametrisierung für Car gewählt. Eine andere Möglichkeit wäre an der Stelle eine Komposition gewesen, welche bei der Einbindung des Motors gewählt wurde. Hier kommt jedoch noch die Verwendung einer Vererbungsbeziehung hinzu, um die drei möglichen Realisierungen der Oder-Beziehungen ausdrücken zu können. Für den Anhänger wurde eine einfache Assoziation gewählt.

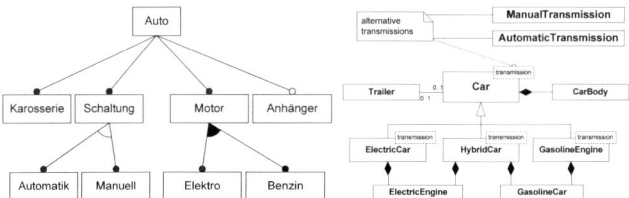

Abb. 8. Abbildung eines Feature-Diagramms auf eine mögliche Implementierung (nach [1])

Je nach Anforderung der Variabilität gibt es verschiedene Möglichkeiten diese auszudrücken. Mit einfacher Vererbung ist es möglich eine statische bzw. zur Compile-Time verfügbare Variabilität zu realisieren. Dies ist sowohl für Alternativen als auch Oder-Beziehungen denkbar, wobei je nach Anwendungsfall eine relativ komplexe Klassenstruktur entstehen kann. Über Mehrfachvererbung lassen sich ebenfalls Variabilitäten modellieren, welche ähnliche Möglichkeiten wie die einfache Vererbung bieten. Hier gibt es jedoch je nach technischer Plattform möglicherweise Probleme mit der Umsetzung, da nicht alle Sprachen Mehrfachvererbung unterstützen. Eine andere Möglichkeit ist daher die Parametrisierung von Klassen, wobei es sich je nach verwendeter Plattform um eine statische oder dynamische Variabilität handeln kann. Die Möglichkeiten hier sind vielfältig, da oft auch Mehrfachparametrisierung zulässig ist. Mit dynamischer Parametrisierung, also Konfiguration zur Laufzeit, lassen sich besonders flexible Strukturen realisieren. Hier wird letztendlich über Aggregationen und Kompositionen die Variabilität ermöglicht, die im Feature-Diagramm beschrieben ist.

Je nach Projektrahmen und Anwendungsfall würden sich für solche Transformationen feste Regeln aufstellen lassen, die man z.B. im Rahmen einer *Model Driven Architecture* nutzen könnte, um die Relationen zwischen verschiedenen Modellen zu beschreiben und so die Konsistenz und Aktualität der Modelle sicherzustellen.

Für den Fall, dass in einem Feature-Diagramm Randbedingungen verwendet werden, gibt es die Möglichkeit diese z.B. durch eine Implementierung oder Konfiguration zur Laufzeit des Systems zu realisieren. In einigen Fällen kann dies aber nicht ausreichend sein und eine Abbildung dieser Angaben auf eine Implementierung muss durch komplexere Mechanismen gelöst werden. In [1] wird zu diesem Zweck eine *Constraint Solver Engine* benannt, die diese Randbedingungen umsetzen soll und so eine automatisierte Abbildung ermöglichen kann.

4 Tools und Verwendung der Feature-Modellierung

Die Notation der Feature-Diagramme ist mit gängigen Visualisierungswerkzeugen zwar machbar, aber besonders durch das eher ungewöhnliche Konzept der Kantensemantik nicht unbedingt komfortabel und vor allem während der Modellierung eines Diagramms nicht unbedingt effizient nutzbar.

Bei den Vorbereitungen zu dieser Ausarbeitung stellte sich so die Frage, ob es nicht Werkzeuge für diese Aufgabe gibt, welche die Arbeit vereinfachen können. Bei den Recherchen stellte sich schnell heraus, dass es zu diesem Thema nicht viele Alternativen gibt. Das im Sinne der Notation am vollständigsten erscheinende Werkzeug war *Captain Feature* [13]. Dabei handelt es sich um ein reines Visualisierungswerkzeug für Feature-Diagramme auf Java-Basis. Die Handhabung ist etwas gewöhnungsbedürftig, aber es gelingt recht schnell komplexe Diagramme zu erstellen und zu bearbeiten. Anzumerken bleibt hier, dass sich das Programm sehr stark an der Notation in [1] orientiert. Was nicht weiter verwundert, da der Autor von [1] daran ebenfalls beteiligt ist.

XFeature [10] ist ein weiteres Tool auf dem Gebiet der Feature-Modellierung. Die Notation wird hier jedoch etwas variiert. Umgesetzt wurde es als Plugin für die Eclipse Entwicklungsumgebung und steht als Prototyp unter der GNU GPL zum Download bereit.

In eine andere Richtung geht das *Feature Modeling Plugin for Eclipse* [14]. Hier wird nicht die Notation in grafischer Form umgesetzt, sondern nur die Struktur der Features in einem einfachen Baum dargestellt und mit der gewünschten Semantik versehen. Interessant ist an diesem Werkzeug vor allem die Anbindung an den Rational Software Modeler, welche es ermöglichen soll aus einer gewählten Konfiguration automatisch UML-Modell-Templates generieren zu können, um diese dann entsprechend weiter zu verwenden. Das Werkzeug selbst arbeitet auf Basis des Eclipse Modeling Frameworks und steht als Eclipse Plugin zum Download bereit. Interessanterweise ist der Projektleiter dieses Werkzeug auch wieder K. Czarnecki.

Im kommerziellen Bereich gibt es zumindestens ein System genannt *pure::variants* [15]. Hergestellt und vertrieben wird es von der deutschen pure-systems GmbH. Interessant an diesem Werkzeug ist die Anbindung an andere kommerzielle Produkte wie z.B. CaliberRM, DOORS, SAP und Simulink.

Laut [16] wird dieses System unter anderem von *DaimlerChrysler* eingesetzt. Auch aus [18] lässt sich ablesen, dass die Feature-Modellierung und der damit verbundene Produktlinien- bzw. Produktfamilien-Ansatz bei Autoherstellern und Zulieferern eingesetzt wird. *Bosch* setzt dieses Verfahren ein, wie sich aus der Forschungsarbeit [17] entnehmen lässt. Des Weiteren gibt es mit der sogenannten FODAcom eine überarbeitete Variante der *Feature-oriented Domain Analysis* angepasst auf die Bedürfnisse von Telekommunikationsunternehmen. Sie wurde entwickelt von der *Italian Telecom* und nach [19] unteranderem eingesetzt bei der Restrukturierung und Ersetzung von Altsystemen.

Aus den benannten Quellen lässt sich so ablesen, dass diese Methoden nicht rein akademischer Natur sind, sonder auch in der Industrie Verwendung finden. Auch wenn dies nicht unbedingt eine Verwendung der hier vorgestellte Notation implizieren muss.

5   Zusammenfassung und Fazit

Mit dem hier vorgestellten Paradigma des *Generative Programming* werden verschiedene Techniken zusammengeführt, um die Wiederverwendung von Softwareartefakten zu erhöhen und Teilschritte der Entwicklung zu automatisieren um die Effizienz des Entwicklungsprozesses zu steigern. Die dafür verwendete Technik der *Feature-oriented Domain Analysis* ermöglicht es mit Hilfe der Feature-Diagramme eine sinnvolle Basis für die Entwicklung von Produktfamilien bzw. Produktlinien zu erstellen.

Die aktuellen Entwicklungen auf diesem Gebiet sollten jedoch ebenfalls bedacht werden, wenn es um den Einsatz eines solchen Vorgehens in einem Projekt geht. Als Beispiel dazu lässt sich unter anderem *Product Line Practices* [9] anführen. Auch dort spielt das Domain Engineering eine wichtige Rolle zur Ermittlung der Features, die eine Produktfamilie abdecken soll.

Die Notation für Feature-Diagramme ermöglicht es sehr anschaulich die Zusammenhänge von einzelnen Merkmalen eines Systems zu beschreiben und die variablen Elemente kenntlich zu machen. Außerdem bietet sie eine gute Grundlage um daraus auch mit Werkzeugunterstützung Konfigurationen erstellen zu können, um spezielle System aus einer Produktfamilie zu erzeugen. Die Darstellung erfolgt dabei mit einer baumartigen Struktur, mit der ein Konzept durch seine Features beschrieben wird. Features können wiederum selbst durch Features beschrieben werden und über grafische Dekorationen zur Charakterisierung der Produktfamilie durch gemeinsame und variable Anteile genutzt werden, indem sie obligatorisch, alternativ oder optional für ein spezielles System sind. Werkzeugunterstützung gibt es dabei einerseits für die Visualisierung und andererseits für die Einbindung in den Entwicklungsprozess sowie für die Anbindung an andere Entwicklungswerkzeuge.

Abschließend lässt sich sagen, dass Feature-Diagramme und die damit verbundenen Vorgehensweisen immer dann sinnvoll eingesetzt werden können, wenn sich im Entwicklungsprozess eines Systems herauskristallisiert, dass das aktuell zu entwickelnde System viele Eigenschaften mit einem zukünftig zu entwickelnden System teilen wird.

Quellen

1. K. Czarnecki. Generative Programming, Dissertation, TU Ilmenau, Oktober 1998.
    http://www.prakinf.tu-ilmenau.de/~czarn/diss/diss.pdf
2. U. W. Eisenecker, K. Czarnecki. Generative Programming, Methods, Techniques, and Applications. Vorlesungsfolien 2003.
    http://www.old.netobjectdays.org/pdf/03/slides/tutorial/gpce2003.pdf
3. Generative Programming Wiki, Stand 9. Juli 2006.
    http://www.program-transformation.org/Transform/GenerativeProgrammingWiki
4. M. Antkiewicz. Feature Modeling Plugin, Juli 2006.
    http://www.swen.uwaterloo.ca/~mantkiew/
5. M. Antkiewicz, K. Czarnecki. FeaturePlugin: Feature Modeling Plug-In for Eclipse, University of Waterloo, Kanada, Oktober 2004.
    http://www.swen.uwaterloo.ca/~kczarnec/etx04.pdf

6. J. Adersberger. FODA, FORM, FOPLE, Hauptseminar „Produktlinien für Software und Systementwicklung", TU München, Mai 2006.
http://www4.in.tum.de/lehre/seminare/hs/SS06/produktlinien/beitraege/HS_PL_02_FODA_adersberger.pdf

7. H. S. Beyhan. Einführung und Grundlagen zur Software Produktlinien, Hauptseminar „Produktlinien für Software- und Systementwicklung", TU München, Mai 2006.
http://www4.in.tum.de/lehre/seminare/hs/SS06/produktlinien/beitraege/HS_PL_02_Einfuehrung_Beyhan_Ausarb.pdf

8. Feature-Oriented Domain Analysis. SEI, Carnegie Mellon University, USA, August 2004.
http://www.sei.cmu.edu/domain-engineering/FODA.html

9. A Framework for Software Product Line Practice, Version 4.2. SEI, CMU, USA, Mai 2006.
http://www.sei.cmu.edu/productlines/frame_report/rel_domains.htm

10. P&P Software. Xfeature Version 0.9.0.
http://www.pnp-software.com/XFeature/

11. B. Dawes. Feature Model Diagrams in text and HTML, August 2004.
http://www.boost.org/more/feature_model_diagrams.htm

12. Y. Bontemps, P. Heymans, P.-Y. Schobbens, J.-Ch. Trigaux. Semantics of FODA Feature Diagrams. Institut d'Informatique, University of Namur, August 2004.
http://www.info.fundp.ac.be/~jtr/PLENTY/Files/Trigaux_SPLC04.pdf

13. T. Bednasch, K. Czarnecki, U. W. Eisenecker, M. Lang. Captain Feature 1.0, April 2005.
https://sourceforge.net/projects/captainfeature/

14. K. Czarnecki, M. Antkiewicz, P. Kim, K. Pietroszek. fmp: Feature Modeling Plug-in, University of Waterloo, Kanada. Juli 2006.
http://gp.uwaterloo.ca/fmp/

15. pure::variants 2.2.2. pure-systems GmbH, Juli 2006.
http://www.pure-systems.com/Variant_Management.49.0.html

16. C. Giese, W. Buhl. Modell-basierte Prozesstransformationen Analyse und Strategien. PESOA. Potsdam, Oktober 2004.
http://www.pesoa.org/pages/Publications/Fachberichte101504/PESOA_TR_10-2004.pdf

17. S. Thiel, S. Ferber, T. Fischer, A. Hein, M. Schlick. A Case Study in Applying a Product Line Approach for Car Periphery Supervision Systems, Robert Bosch GmbH, Januar 2001.
http://ametist.cs.utwente.nl/RESEARCH/BOSCH/Thiel_SAE2001.pdf

18. K. Czarnecki. Generative Programmierung für eingebettete Systeme, April 2002.
http://www.automat.uni-essen.de/Forschung/WorkshopAKModellierung/embedded.pdf

19. A. D. Vici, N. Argentieri, A. Mansour, M. d'Alessandro, J. Favaro. FODAcom: An Experience with Domain Analysis in the Italian Telecom Industry, Italien 1998.
http://www.favaro.net/john/home/publications/FODAcom.pdf